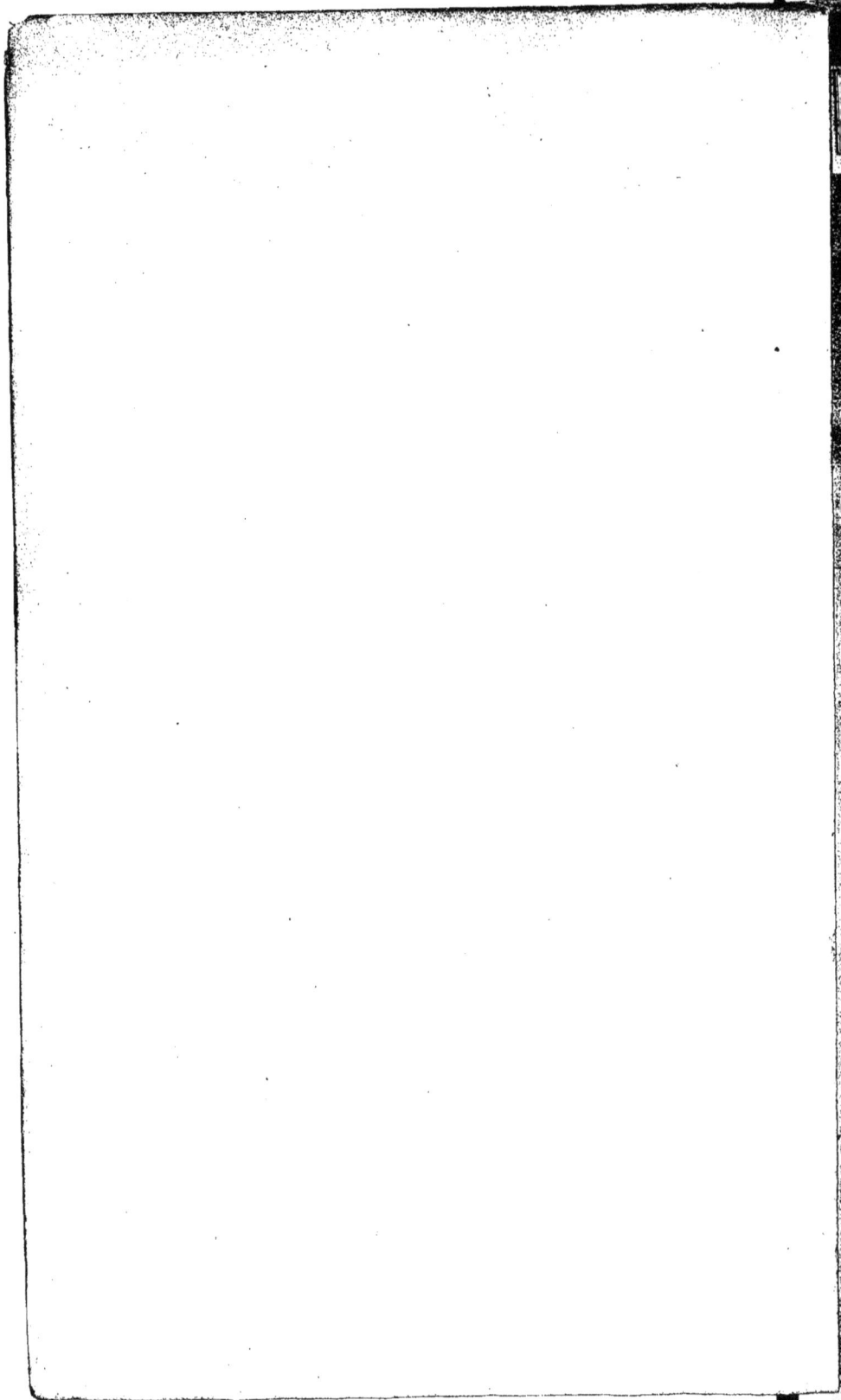

RÉSEAU PYRÉNÉEN.

SIMPLE ANALYSE

DE

la demande de concession faite par M. Péreire au nom de la Compagnie du Midi pour certains tronçons isolés de ce réseau.

COMPARAISON DE CETTE DEMANDE

AVEC CELLE

de la Compagnie d'Embarrère pour le Réseau pyrénéen complet.

PAR

Jh BARRANDE,

Ancien élève de l'Ecole polytechnique, ancien ingénieur des voies de communication au service de la Russie, auteur du projet du Grand-Central, de celui du passage des Pyrénées sous le col de la Glère.

PARIS

IMPRIMERIE PREVÉ ET COMP., 15, RUE J.-J.-ROUSSEAU.

RÉSEAU PYRÉNÉEN.

RÉSEAU PYRÉNÉEN.

SIMPLE ANALYSE

DE

la demande de concession faite par M. Péreire au nom de la Compagnie du Midi pour certains tronçons isolés de ce réseau.

COMPARAISON DE CETTE DEMANDE

AVEC CELLE

de la Compagnie d'Embarrère pour le Réseau pyrénéen complet.

PAR

J[H] BARRANDE,

Ancien élève de l'Ecole polytechnique, ancien ingénieur des voies de communication au service de la Russie, auteur du projet du Grand-Central, de celui du passage des Pyrénées sous le col de la Glère.

PARIS

IMPRIMERIE PREVE ET COMP., 15, RUE J.-J.-ROUSSEAU, 15.

TABLE DES MATIÈRES.

Des deux compagnies en instance pour obtenir la concession des lignes Pyrénéennes, laquelle a des droits réels à la préférence motivée du gouvernement?

La lecture des deux soumissions ci-après, et de la simple analyse qui y fait suite, ne saurait laisser aucune ombre d'hésitation aux hommes éclairés qui veulent la prospérité de leur pays, sans l'exposer à aucun danger, pour répondre d'une manière catégorique à cette grave question.

DEMANDE DE CONCESSION

DU

RÉSEAU PYRÉNÉEN COMPLET

Adressée à S. E. M. le MINISTRE DES TRAVAUX PUBLICS *par la Compagnie d'Embarrère.*

Monsieur le Ministre,

Nous soussignés, membres et délégués d'une Société qui s'est formée sous la dénomination de Société du Réseau pyrénéen complet, venons demander au Gouvernement de S. M. l'Empereur la concession de ce réseau qui comprendra :

1° L'artère principale de Toulouse à Bayonne, par Muret, Saint-Gaudens, Montréjeau, Tarbes, Pau, Orthez et Peyrehorade ;

2° Les embranchements suivants :

Au midi de cette artère :

(*a*) De Toulouse à Foix et à Tarascon ;

(*b*) De Montréjeau, par Luchon au souterrain projeté sous le Col de la Glère ;

Cette dernière ligne, en franchissant les Pyrénées à ce point, servira de tête au chemin de fer international entre Toulouse et Saragosse, d'après le projet de M. Barrande déposé au ministère.

(*c*) De Tarbes à Bagnères-de-Bigorre ;

(*d*) De Lourdes à Luz, par Argelez ;

(*e*) De Peyrehorade à Sauveterre, entrée des vallées d'Oloron et de Mauléon.

Et au Nord de cette artère :

(*f*) De Tarbes à Agen, par Auch ;

(*g*) De Tarbes à Mont-de-Marsan, par Aire. Ligne directe de Bordeaux aux Pyrénées, par l'Armagnac;

(*h*) D'Orthez à Dax, à la rencontre de la ligne de Bordeaux à Bayonne.

Par l'ensemble de ces lignes, nous donnons une satisfaction entière aux départements de la Haute-Garonne, des Hautes et des Basses-Pyrénées, du Gers et des Landes, de l'Ariége et du Lot-et-Garonne, et nous ouvrons à tous les autres départements méridionaux qui leur sont limitrophes, les voies dont ils ont besoin pour se mettre en relation directe et facile avec les contrées pyrénéennes, qui produisent la majeure partie des matières premières que ces derniers départements consomment, et qui tirent à leur tour des bassins de la Garonne et de l'Adour les produits fabriqués de toute nature indispensables à leur propre consomation.

D'autre part, nous donnons satisfaction à la France entière en ouvrant, au centre même des Pyrénées, la voie la plus directe pour mettre notre pays tout entier en communication avec Saragosse, Madrid, Barcelone et tout le centre de l'Espagne.

Nous demandons au Gouvernement de Sa Majesté la concession du Réseau pyrénéen, aux conditions suivantes :

Notre Société se chargerait de construire en quatre ans et à ses frais, risques et périls, les éléments ci-dessous désignés ;

1° De Toulouse à Foix;

2° De Toulouse à Saint-Gaudens (section de la ligne de Bayonne et de celle de Saragosse) ;

3° De Tarbes à Pau (autre section de la ligne de Bayonne);

4° De Tarbes à Mont-de-Marsan.

Ces quatre éléments seraient mis en exploitation au fur et à mesure de l'ouverture des sections, correspondantes du réseau du Midi sur lesquelles ils se soudent; c'est-à-dire les numéros 3 et 4 dans deux ans et les numéros 1 et 2 dans quatre ans, au plus tard, conformément à l'avancement des travaux de la Compagnie du Midi.

Le reste du Réseau pyrénéen serait construit, en quatre autres années, d'après la loi de 1842, comme il a été stipulé pour la concession du Grand Central.

La Société du Réseau complet pyrénéen se met à la disposition de S. E. Monsieur le Ministre, pour verser en temps utile le cautionnement nécessaire.

La Société accepte le cahier des charges qui a été imposé à la Compagnie du Grand-Central, sauf ce qui pourrait être en contradiction avec la présente demande.

La Société se prêtera à tout réglement d'exploitation qui *pourra réserver les intérêts réciproques des Réseaux du Midi et du Grand-Central, sans compromettre ceux du Réseau pyrénéen.*

La présente demande n'est que l'extension désirée par l'Administration elle-même et réclamée par les populations, de la demande que nous avons déjà déposée dans le courant de décembre 1852, pour la ligne de Toulouse à Foix et à Bayonne.

Nous vous prions, Monsieur le Ministre, de vouloir bien agréer l'assurance de notre respectueuse considération,

DAUZAT D'EMBARRÈRE, député et membre du Conseil-Général des Hautes-Pyrénées.

Vicomte DE GRANDEFFE, administrateur de la Compagnie de Lyon à la Méditerranée.

JH. BARRANDE, ancien élève de l'École polytechnique, et ingénieur des voies de communication au service de la Russie.

Paris, 2 mai, 1853.

DEMANDE DE CONCESSION

DE

CERTAINS TRONÇONS DU RÉSEAU PYRÉNÉEN

FAITE PAR M. PÉREIRE,

Au nom de la Compagnie du Midi.

M. Péreire a donné connaissance de cette demande à l'assemblée générale des actionnaires du Midi du 30 avril 1853 dans les termes suivants (extrait du *Journal des Chemins de Fer* du 7 mai) :

Il nous reste enfin, Messieurs, à vous entretenir d'une soumission que nous venons d'adresser à M. le Ministre des Travaux publics, pour arriver à compléter le réseau de voies de fer qui nous est concédé.

Cette soumission, dont les conditions à débattre avec le Gouvernement devront être soumises à votre sanction, comprend :

1° Un chemin de fer d'Agen à Auch et Tarbes, avec embranchement sur Bagnères-de-Bigorre ;

2° Un chemin de fer de Tarbes à Pau, venant rejoindre à Dax la ligne de Bordeaux à Bayonne ;

3° Deux embranchements de Toulouse à Foix et Saint-Gaudens.

Voici les considérations dont nous appuyons notre demande auprès de M. le Ministre des Travaux publics.

Paris, le 23 avril 1853.

« Monsieur le Ministre des Travaux publics,

» Nous avons l'honneur de soumissionner l'exécution des chemins de fer à construire dans les régions comprises entre les Pyrénées et les chemins de fer du Midi.

» Ces lignes, que réclament les populations privées jusqu'à ce jour de moyens de communication rapides et économiques et qui nous paraissent d'un haut intérêt pour le Gouverment lui-même, ne peuvent être entreprises à des conditions avantageuses pour l'État, pour les localités desservies et pour les concessionnaires, que par la Compagnie des chemins de fer du Midi et du canal latéral à la Garonne. Seule, en effet, elle peut trouver dans son organisation les ressources nécessaires pour construire, et les moyens de satisfaire à toutes les exigences de l'exploitation.

» Vous venez de dire, monsieur le Ministre, dans votre rapport à l'Empereur, sur la concession du chemin de fer le Grand-Central, « que
» le chemin de fer de Clermont à Montauban était le prolongement na-
» turel de la ligne de Paris à Clermont vers Aurillac, Montauban,
» *Toulouse* et *Foix;* et que le chemin de Limoges à Agen étant le pro-
» longement le plus direct du chemin de Paris à Limoges sur Périgueux,
» et plus tard sur les *Pyrénées*, était destiné à mettre un jour les capi-
» tales de cinq grands départements, Périgueux, Agen, *Auch, Tarbes,*
» *Pau*, en rapport avec Paris par la voie la plus courte. »

» Nous venons compléter cet ensemble de communications et y ajouter la jonction de Pau avec Bayonne, et de Tarbes avec Bagnères-de-Bigorre. Tous les versants de la chaîne des Pyrénées se trouveront ainsi desservis par des voies de fer, et mis en rapport non-seulement avec Paris, mais avec nos ports de l'Océan et de la Méditerranée. »

Suit le détail de la soumission.

Nous terminons ainsi :

« L'ensemble de ces concessions aurait la même durée que celle des
» chemins de fer du Midi et du canal latéral à la Garonne.

» Pour subvenir aux dépenses que ces concessions mettraient à la » charge de notre Commission, nous ne créerions actuellement ni obli- » gations, ni actions, nous ferions simplement usage des ressources » dont nous disposons par notre concession première, sauf à les com- » pléter ultérieurement lorsque nous serions près de les avoir épui- » sées.

» Nous ne demandons pas à l'Etat une garantie supplémentaire d'in- » térêt, les sommes à dépenser devant rentrer dans le *maximum* de ga- » rantie déjà réglé par les décrets de concession des chemins de Bordeaux » à Cette et à Bayonne et du canal latéral à la Garonne.

» Permettez-nous, monsieur le Ministre, de signaler à votre appré- » ciation une observation qui ne se rattache pas seulement à la demande » en concession que nous avons l'honneur de vous faire, mais qui peut » aussi s'appliquer à la coordination des réseaux de chemin de fer con- » cédés. En cédant à l'entraînement qui pousse aujourd'hui, comme » en 1845, à la constitution de nouvelles entreprises de chemins de » fer, il aurait été facile de faire de l'extension du réseau des chemins » de fer du Midi, une entreprise séparée de celle de Bordeaux à Cette et » de Bordeaux à Bayonne, et les administrateurs de ces deux lignes » auraient, vous n'en doutez assurément pas, pu le faire avec des avan- » tages personnels incontestables; il nous a paru à la fois juste et pré- » voyant de ne traiter qu'au nom des actionnaires qui nous avaient » confié la gestion de leurs intérêts; nous sauvegardons ainsi le réseau » qui nous est concédé, nous améliorons les conditions d'exploitation » des lignes nouvelles par la concentration des frais généraux et du » matériel d'exploitation, et par les facilités apportées dans les relations » entre les troncs principaux et les embranchements; mais l'État y » trouve de bien plus grands avantages encore, car il peut immédiate- » ment donner satisfaction aux localités qui, de toutes parts, sollicitent » des chemins de fer, sans augmenter actuellement, comme nous ve- » nons de vous le dire, la masse des titres, sans nuire au crédit public » et sans provoquer une crise financière qui serait le résultat inévitable » de la création de nouvelles Compagnies faisant concurrence à celles » déjà établies, et se trouvant elles-mêmes frappées de dépréciation à » leur début par cette même concurrence qu'elles auraient constituée

» en s'établissant. En résumé, des concessions morcelées et rivales en-
» combreraient le marché et provoqueraient une baisse sur les effets
» publics et sur toutes les actions; l'extension des lignes concédées
» améliore, au moins dans l'esprit du public, la condition des Compa-
» gnies établies, et amène une amélioration dans le prix de toutes les
» valeurs qui se négocient à la Bourse de Paris. »

SIMPLE ANALYSE

DE LA DEMANDE FORMULÉE PAR M. PÉREIRE,

AU NOM DE LA COMPAGNIE DU MIDI.

CHAPITRE Ier.

Question du Tracé.

M. Péreire demande:

1°	Un chemin d'Agen à Auch, à Tarbes et à Bagnères.	170	kilom.
2°	id. de Tarbes à Pau et à Dax.	134	
3°	id. de Toulouse à Foix et à Saint-Gaudens. .	153	
	Total. . . .	457	kilom.

Ces divers tronçons, indépendants entre eux, constituent-ils un véritable réseau pyrénéen desservant *directement, par des minima en distance*, tous les centres de population situés entre la Garonne et la chaîne des Pyrénées? L'auteur du projet ne saurait en avoir la prétention. Les lacunes que ses tronçons laissent entre eux sont trop nombreuses, trop considérables et trop saillantes, pour permettre de leur attribuer avec quelque apparence de raison, même la qualification de Réseau pyrénéen incomplet.

Ce canevas de tronçons en zig-zag est calculé, on le dirait, tout exprès pour allonger les distances naturelles qui séparent actuellement ces divers centres de population.

Il ne pouvait donc que provoquer les réclamations les plus vives et soulever l'opposition la plus ardente, comme la mieux motivée, de la part des villes de Toulouse, de Tarbes, de Pau, de Mont-de-Marsan et de Bayonne. — Cette prévision est aujourd'hui une réalité. — L'émotion est grande dans le Midi, depuis la publication de la fâcheuse demande de M. Péreire.

Les départements de la Haute-Garonne, des Hautes et des Basses-Pyrénées, du Gers, de l'Ariége et des Landes, se lèvent tous contre l'adoption d'un pareil canevas qui lèse leurs intérêts les plus sacrés.

En effet, voici les résultats immédiats des propositions de M. Péreire.

La ville de Toulouse, cette métropole de tous les intérêts matériels et intellectuels du Midi, à laquelle sa position topographique donne le droit incontestable de servir de centre d'irradiation pour toutes les voies ferrées d'outre-Garonne, en est réduite aux deux petits embranchements de Foix et de Saint-Gaudens ; on la condamne ainsi à n'être qu'un cul-de-sac, en lui enlevant les avantages que la construction de l'artère entière de Toulouse à Bayonne et de la ligne internationale de Toulouse-Saragosse peuvent *seules* lui assurer.

Grâce à la construction de l'artère pyrénéenne, de la ligne passant par Saint-Gaudens, Tarbes, Pau, Orthez et Peyrehorade, Toulouse ne serait qu'à 330 kilomètres de Bayonne.

Par le système Péreire, Toulouse, contraint de passer par Agen, Pau et Dax pour se rendre à Bayonne, aurait ainsi à parcourir 464 kilomètres.

Allongement inutile imposé par M. Péreire : 134 kilomètres !

D'après le même système, pour aller de Toulouse à Tarbes, par Agen, ce serait encore un autre allongement d'environ 105 kilomètres !

Enfin, pour aller de Toulouse à Mont-de-Marsan, sur voie ferrée, il faudrait, d'après le système Péreire, passer par Bordeaux et faire ainsi la bagatelle de 365 kilomètres, tandis qu'en passant par Saint-Gaudens et Tarbes, la distance se réduit à 280.

Allongement forcé encore ici : 85 kilomètres !

Ainsi donc, Toulouse est grevé par M. Péreire, dans ses rapports avec toutes les villes des départements pyrénéens, d'un surcroît forcé de distance qui varie de 85 à 134 kilomètres !

Et, d'autre part, la ligne stratégique qui est indispensable à la défense du pays, la ligne droite de Toulouse à Bayonne, en faveur de laquelle le conseil général des Hautes-Pyrénées a émis, dans sa session dernière, sous la présidence de S. E. M. le Ministre d'Etat, M. Achille Fould, un vœu favorable, est effacée de la carte de France, parce qu'elle n'est pas admise par M. Péreire! Cette voie ferrée a pourtant été prévue et réclamée par tous les hommes intelligents qui ont étudié la question militaire, sous ses deux faces : offensive et défensive. — Quels services n'aurait pas rendus au pays une ligne de cette nature, servant de ceinture et en quelque sorte de chemin couvert au rempart pyrénéen, si elle avait existé aux époques des grandes luttes avec l'Espagne? — Le maréchal Soult n'aurait-il pas, à son tour, pu en tirer quelque avantage, en 1814? — Ces jours d'attaque et de retraite, ne peuvent-ils pas revenir? — Qui pourrait nous garantir contre ces retours du passé?

Passons maintenant à Tarbes, et mesurons-y encore les distances avec le compas de M. Péreire.

Il y a de Tarbes à Toulouse, par Saint-Gaudens, 180 kilomètres.

Si Tarbes est forcé de passer par Agen, pour aller à Toulouse, il aura à parcourir 285 kilomètres. Allongement : 105 kilomètres!

Voilà pour un côté, examinons l'autre.

Il y a de Tarbes à Bordeaux, par Mont-de-Marsan, 195 kilomètres.

Si Tarbes est obligé de passer par Agen pour se rendre à Bordeaux, il lui faudra parcourir et payer 260 kilomètres.

Allongement, 65 kilomètres au minimum!

La ville de Tarbes avait prévu cette situation : elle a envoyé, il y a quelques jours à peine, une députation municipale à Paris pour demander, avant tout, la ligne de Mont-de-Marsan par Aire.

D'autre part, si Tarbes pour aller à Bayonne est contraint de remonter à Dax, c'est encore un allongement d'environ 30 kilomètres.

Ainsi donc, Tarbes est, à son tour, grevé par M. Péreire, dans ses rapports avec les autres villes d'outre-Garonne de trois surcroîts de distance qui varient de 30 à 105 kilomètres.

3° Que dirai-je de Mont-de-Marsan?

Pauvre ville! Pour aller en chemin de fer jusqu'à Toulouse, elle sera obligée de passer par Bordeaux et Agen et de faire ainsi 365 kilomètres, tandis que par Tarbes et Saint-Gaudens elle n'en aurait que 280 à franchir.

Allongement forcé : 85 kilomètres!

Si elle a le moindre désir de se rendre à Tarbes, par voie ferrée, ou bien à Auch, il lui faudra, d'après le système Péreire, remonter au nord jusqu'à Bordeaux, pour aller passer ensuite à la Teste, à Dax, à Pau et à Lourdes, à moins qu'elle ne préfère, une fois à Bordeaux, revenir à Agen et remonter par Auch à Tarbes. Dans les deux cas, c'est une petite promenade d'environ 300 kilomètres pour franchir une simple distance de moins de 100 kilomètres. Et pourtant la ligne directe de Mont-de-Marsan à Tarbes a été prévue déjà en 1846, lors de la discussion de la ligne de Bordeaux à Bayonne, et, d'autre part, le Conseil général du Gers n'a émis jusqu'à présent de vœu qu'en faveur de la construction de cette ligne.

Même circuit obligé pour les rapports de Mont-de-Marsan avec Pau, Orthez et Bayonne. — J'ai donc eu quelque raison de commencer son article en m'écriant : pauvre ville !

4° Et Pau, dans quelle situation se trouve-t-il au milieu du canevas en zig-zag de M. Péreire ?

D'abord, pour se rendre à Bayonne, il devra passer par Dax.

Petit allongement d'environ 30 kilomètres !

Ensuite, pour communiquer avec Toulouse, avec Marseille, avec tout le sud-ouest de la France, il lui faudra subir, à l'exemple de Tarbes, un autre allongement de 105 kilomètres !

Je crois inutile de pousser plus loin l'examen des rapports allongés de la ville de Pau ; je ne dirai rien non plus des allongements imposés à Bordeaux lui-même dans ses rapports avec l'Armagnac et les eaux thermales des Pyrénées. — Avec les données qui précèdent, le calcul en est facile.

D'après cet exposé, quel est le centre de population, quel est le département satisfait ?

Je le cherche sans passion ; mais je n'en trouve point.

En résumé, le canevas de M. Péreire ne saurait être considéré comme le tracé d'un véritable Réseau pyrénéen :

1° Parce qu'il ne comprend point l'artère principale de Toulouse à Bayonne ;

2° Parce qu'il impose des allongements énormes à tous les centres de population d'outre-Garonne dans leurs rapports réciproques ;

3° Parce qu'il ne dessert ni la vallée entière de la Haute-Garonne, ni celle de l'Adour ;

4° Parce qu'il laisse à distance la plus grande partie des établissements thermaux des Pyrénées, y compris Luchon ;

5° Enfin, parce qu'il ne comprend point la ligne internationale de Toulouse à Saragosse et à Madrid, qui franchit les Pyrénées sous le col de la Glère.

Aucun de ces cinq reproches ne saurait être adressé au tracé présenté par la Compagnie d'Embarrère, pour le réseau complet des chemins de fer Pyrénéens.

Localités et départements, tous les intéressés sont amplement satisfaits par ce tracé.

SIMPLE ANALYSE

DE LA DEMANDE FORMULÉE PAR M. PÉREIRE,

AU NOM DE LA COMPAGNIE DU MIDI.

CHAPITRE II.

Voies et Moyens.

M. Péreire dit dans sa soumission :

« Pour subvenir aux dépenses que ces concessions mettraient à la
» charge de notre Compagnie, nous ne créerions actuellement ni obli-
» gations, ni actions, nous ferions simplement usage de ressources dont
» nous disposons par notre concession première, sauf à les compléter
» lorsque nous *serions près de les avoir épuisées.* »

Plus loin, après avoir énuméré, à son point de vue, les avantages que la Compagnie du Midi retirerait de la concession du Réseau pyrénéen incomplet, M. Péreire ajoute :

« Mais l'État y trouve de bien plus grands avantages encore, car il
» peut *immédiatement donner satisfaction* aux localités qui, de toutes
» parts, sollicitent des chemins de fer, sans augmenter actuellement,
» comme nous venons de le dire, la masse des titres, sans nuire au
» crédit public et sans provoquer une crise financière. »

Il résulte de ces deux citations, que M. Péreire a bien l'intention de construire *immédiatement* son Réseau pyrénéen incomplet de 457 kilomètres, pour donner satisfaction aux populations, et qu'il en veut faire marcher la construction simultanément avec l'exécution de 741 kilomètres déjà acquis à la Compagnie du Midi depuis un an, et sur lesquels elle n'a pas encore donné le premier coup de pioche.

Il résulte aussi des assertions de M. Péreire, qu'il croit pouvoir subvenir à ces deux dépenses simultanées, en épuisant d'abord, et en appelant, par conséquent, à bref délai le capital social de la Compagnie du Midi, quitte à s'en remettre ensuite *aux chances de l'avenir* pour compléter ce capital jusqu'à concurrence de la dépense des 457, plus 741, en tout 1,198 kilomètres à construire; quand il serait près d'avoir épuisé les ressources de la Compagnie du Midi, c'est-à-dire dans dix-huit mois, comme je l'établirai plus loin, M. Péreire ferait un nouvel appel au public en lui proposant, soit des obligations, soit des actions *sans aucune garantie d'intérêt, pour la faible somme de* 105 *millions qui est indispensable à la création des* 457 *kilomètres Pyrénéens.*

Il résulte enfin des assurances données à S. E. Monsieur le Ministre des Travaux publics par M. Péreire, que ce dernier crée *immédiatement, avec les ressources ou le crédit* ÉVENTUEL *de la Compagnie du Midi,* 1,198 *kilomètres de chemins de fer, sans nuire au crédit public et sans provoquer une crise financière* qui serait inévitable, toujours d'après M. Péreire, si tout autre que lui avait la concession du Réseau pyrénéen complet.

Voilà un bel horizon! mais, dans cette chatoyante perspective, n'y a-t-il pas quelque peu de mirage? J'humilie volontiers mes faibles lumières en matière d'opérations de finance et de bourse devant la suprême et magistrale habileté de l'honorable président de la Compagnie du Midi; mais tout en payant avec les non-initiés, avec les novices, avec les simples bacheliers en industrie financière, le tribut mérité à la haute sagesse du maître, je lui demande la permission de lui soumettre ici quelques doutes qui me tourmentent et qui pourraient bien gagner aussi ses propres co-intéressés, les actionnaires de la Compagnie du Midi :

M. Péreire ne s'est-il pas laissé aller un peu, en étayant tant de dépenses certaines sur tant d'éventualités incertaines, à cet entraînement des hommes heureux qui ne doutent jamais de leurs calculs de probalités?

Je le crains.— Refaisons donc ses calculs, avec l'humble Barême à la main.

Ecartons d'abord la question de la satisfaction des populations; j'en ai assez dit dans le premier chapitre de mon analyse pour que le public soit édifié à ce sujet et que les intéressés de Toulouse, de Tarbes, de

Pau, de Bayonne et de Mont-de-Marsan, sachent à quoi s'en tenir relativement à cette prétendue satisfaction.

Cette première assertion batonnée, voyons quelles charges M. Péreire assume sur lui et veut imposer à la Compagnie du Midi :

D'abord les tronçons Pyrénéens, contenant 457 kilomètres, et leur coût moyen par kilomètre ne pouvant être inférieur au prix moyen du kilomètre sur les lignes de la Compagnie du Midi, qui est de 230,000 fr., d'après M. Péreire lui-même, il s'ensuit que ses tronçons lui coûteraient. . . . . 105,110,000 fr.

D'autre part, d'après son cahier des charges, la Compagnie du Midi est tenue d'ouvrir les sections :

1° De Bordeaux à Langon; 2° De Lamothe (chemin de la Teste) à Bayonne; 3° De Béziers à Cette; 4° Embranchement de Mont-de-Marsan;	le 24 août 1854.
5° De Langon à Agen; 6° De Narbonne à Perpignan.	le 24 août 1856.

Cela fait en tout 576 kilomètres à construire et à ouvrir en trois ans et trois mois, à raison de . . . . . . 230,000 fr. l'un.

Ces 576 kilomètres coûteront. . . . 132,480,000 fr.

Remarquez bien que M. Péreire, en donnant au Ministre l'assurance que satisfaction sera donnée *immédiatement* aux populations, si on lui accorde la concession de ses tronçons Pyrénéens, doit dépenser *immédiatement* et sans solution de continuité, les 105,110,000 fr. que lui coûteraient les sections isolées d'outre-Garonne.

Remarquez, d'autre part, que les lignes pyrénéennes tronquées de M. Péreire ont pour point de départ, d'arrivée et de soudure avec les lignes de la Compagnie du Midi : 1° Agen, 2° Dax.

Or, ces deux villes seront desservies dans trois ans et trois mois, au plus tard, par les locomotives de la Compagnie du Midi, partant de Bordeaux. Dans cet état de choses, la construction des lignes Pyrénéennes qui relient Agen et Dax en diagonale, en passant à Pau, à Tarbes et à Auch, ne saurait donc marcher trop rapidement et ne saurait être terminée trop tôt, dans l'intérêt même de cette Compagnie, puisque l'exploitation de ces tronçons doit venir en aide à celle des sections que cette Compagnie est tenue d'ouvrir le 24 août 1855, nous pouvons, par conséquent, être convaincus qu'elle ne mettra aucun retard dans leur construction et qu'elle les ouvrira aussi à la même date.

De son côté, l'État, dans son désir de donner *une satisfaction immédiate* aux populations traversées par ces tronçons, peut-il accorder à la Compagnie du Midi un délai plus long pour les terminer, quand surtout cette Compagnie a le plus haut intérêt à leur prompte ouverture et quand, d'autre part, la Compagnie d'Embarrère, demande à construire la *première partie de son réseau en moins de deux ans?* . . . . . .

De tout ce qui précède il résulte forcément que M. Péreire n'aura réellement que trois ans bien juste, à compter du 24 août 1853, pour faire entrer dans la caisse de la Compagnie du Midi, en bons écus, en bonnes valeurs échangeables contre le travail de l'ouvrier ou les fournitures des fabricants, les deux sommes bien rondes de 105,110,000 fr. d'un côté, et de 132,480,000 fr. de l'autre, soit en tout 237,590,000 fr.

Messieurs les co-intéressés de la Compagnie du Midi, vous qui portez ses actions et qui accepterez ses obligations présentes et futures, voilà le denier que vous avez à verser à la caisse sociale en trois ans, à compter d'aujourd'hui, vu qu'il faut bien trois mois d'anticipation pour faire face à l'imprévu! . . . .

Cela vous fait, d'après Barême, l'impitoyable, en chiffre rond 79,000,000 de francs à verser chaque année et ce pendant trois ans.

Mais la subvention! allez vous me crier; — vous l'oubliez donc! — vous ne savez donc pas que l'Etat a promis à la Compagnie du Midi une subvention de 51,000,000 de fr.!

Je n'ai rien oublié, pas même que cette somme vous est promise à certaines conditions que vous courez risque de ne pas remplir si vous emboitez le pas accéléré de votre honorable président.

Mais n'anticipons pas ici sur le chapitre des dangers qui vous menacent; ajournons-les à quelques pages plus loin, et maintenons-nous, pour le moment, dans l'évaluation de vos ressources et de vos charges,

Pour alléger un peu ces dernières, et pour n'avoir pas à tirer pendant trois ans consécutifs de votre propre bourse, les 79,000,000 en question, indispensables pour satisfaire à la fois à vos engagements antérieurs envers l'État et à votre ambition nouvelle; vous pourrez, je le reconnais, faire intervenir, dans une certaine mesure, et dans une certaine occurence, les 51 millions de la subvention.

Mais n'allez pas vous bercer de l'espoir que cette intervention éventuelle de ce secours pourra réduire, dans une proportion notable, vos charges personnelles pendant cette terrible période des trois ans à venir. — Tout ce que vous pourrez tirer de la subvention pendant ces trois lourdes années, ne s'élèvera, en effet, qu'à 25 millions. — Ce n'est donc qu'un modeste allégement, inférieur à 9 millions par an, que vous pouvez attendre de l'État. Vos charges personnelles, déduction faite de cette ressource, se monteront donc encore à 70,000,000 de fr. à verser par an, et pendant trois ans à la caisse sociale.

Ce calcul est irrécusable; en voici la preuve :

Votre capital social, comme Compagnie du Midi, se compose :

1° de 67,000,000 de fr. en actions;

2° de 51,000,000 de fr. en obligations.

En tout, de 118,000,000 de fr. auxquels l'État accorde la garantie d'un minimum d'intéret de 4 p. 0|0.

Or, comme M. Péreire a l'intention de faire marcher simultanément les travaux de construction et sur ses tronçons Pyrénéens et sur les sections de vos lignes du Midi qui doivent être livrées à la circulation le 24 août 1856, il s'en suit que vous n'auriez appliqué, spécialement sur ces dernières, à l'époque de l'épuisement total de votre capital social actuel, que la moitié de ce capital, soit 59,000,000 de francs.

D'autre part, l'article 4 de votre cahier des charges dispose que l'État vous versera la subvention par vingtièmes (soit à raison de 2,500,000 francs par chaque versement), *à la charge pour la Compagnie de justifier avant chaque payement de l'emploi en achats de terrains ou en travaux et approvisionnements sur place d'une somme de* 6,000,000 *de francs.*

A l'époque de l'épuisement de votre capital social, à combien se monteront vos dépenses de cette nature faites sur les lignes auxquelles s'applique cet article de vos conventions avec l'État, du 24 août 1852?

Nous avons établi ci-dessus que ces dépenses n'atteindraient à cette époque-là que 59,000,000 de fr.

C'est donc cette somme-là qu'il faut diviser par 6,000,000 pour avoir au quotient le nombre de vingtièmes de la subvention que l'État aura à vous verser au fur et à mesure que vous viderez la bourse sociale.

Cette division me donnant environ 10 au quotient, il s'ensuit que, lorsque votre capital social actuel aura été complétement absorbé, vous n'aurez encore touché de l'État que dix-vingtièmes de la subvention, soit en tout 25,000,000 de fr. C'est là tout ce dont vous pouvez disposer, comme je vous l'ai annoncé plus haut, pour alléger un peu vos charges personnelles.

Cette dernière somme, divisée à son tour par 3, donne 8,333,333 fr. à déduire des 79,000,000 de fr. que vous auriez à verser chaque année, pendant trois ans, de votre bourse personnelle, dans la caisse sociale, si l'on faisait abstraction de la subvention qui vous est promise.

J'ai beau élever à 9,000,000 ce secours annuel de l'État, pour avoir un chiffre rond; vos charges personnelles et annuelles n'en atteignent pas moins, pendant cette terrible période triennale, le chiffre énorme de 70,000,000 de fr. que je vous avais déjà signalé, avant de vous soumettre les bases de mon calcul irréfutable.

A ce taux-là, Messieurs les actionnaires et porteurs d'obligations de la Compagnie du Midi, vous n'avez pas même dix-neuf mois, à compter du 24 août prochain, pour achever de verser votre capital social de 118 millions.

C'est à dater d'aujourd'hui, une latitude d'un peu moins de vingt-deux mois, qui vous reste pour vous exécuter à fond.—Votre exécution sera donc complète le 1er avril 1855.

Mais ce temps est bien court! Je suis de votre avis; je vous plains sincèrement, surtout quand je me représente votre préoccupation sans intermittance à l'endroit des versements incessants qui vont vous forcer de courir alternativement de chez votre notaire à la caisse sociale, pour revenir à la Banque de France ou à tout autre établissement de dépôt et de prêt, et retourner ensuite au galop, encore et toujours, à la caisse sociale. Vous êtes haletants! Courez encore plus vite! N'entendez-vous pas, en effet, le rappel continu qui vous convoque à la hâte au guichet de la caisse de la Compagnie? malheur à vous, si vous n'arrivez pas à temps pour faire inscrire votre nom sur la liste de présence! Vous connaissez aussi bien que moi les fâcheuses conséquences de votre absence, constatée sur les livres de versement et de recette. Je crains fort que ceux qui parmi vous n'ont point l'aspiration financière bien libre et bien longue ne s'affaissent sur eux-mêmes, au milieu de ces courses épuisantes.

Mais au moins qu'ils chassent de leur esprit, dans ces moments de défaillance, le souvenir du passé; qu'ils n'aillent point, désertant les enseignements d'une saine philosophie, doubler la raison d'être de leur douleur, en repassant dans leur mémoire, article par article, ces débonnaires conditions, ces obligations pleines de latitude et de ressort qui lient la Compagnie du Midi envers l'État, en vertu de son cahier des charges du 24 août 1852, et qui, seules, incomberaient encore aujourd'hui à ses actionnaires, s'ils ne s'étaient pas mis en tête de conquérir, au pas de course, et à beaux deniers comptants, quelques petites encalves dans le Réseau pyrénéen.

Ce serait trop cruel pour ces malheureux actionnaires, que de se rappeler qu'en restant fidèles à leur premier contrat, ils avaient six longues années, du 24 août 1852 au 24 août 1858, pour verser lentement leur capital social de 118,000,000, et que, par suite, les appels de fonds annuels, pendant toute cette période, n'avaient à s'élever, en moyenne, qu'à la modeste somme de 24,000,000 de fr.

Si vous emboitez le pas accéléré de votre honorable président, voilà, messieurs de la Compagnie du Midi, la première conséquence qu'entraînera pour vous ce coup de tête : — il vous coûtera chaque année, pendant trois ans, 70,000,000 au lieu de 24; — c'est une petite augmentation, dans vos sacrifices annuels, de 46,000,000 de fr.!

70,000,000! mais c'est le triple, à 2,000,000 près de 24,000,000! — C'est parfaitement vrai.

Mais vous n'êtes pas encore au bout de vos surprises; il est une seconde conséquence tout aussi fâcheuse que la première, si elle ne l'est pas davantage, à laquelle vous ne sauriez pas échapper non plus.

Cette conséquence, la voici : puisque vous aurez appelé et épuisé dans vingt-deux mois, au 1er avril 1855, tout votre capital social de 118 millions de francs, vous serez alors dans la cruelle nécessité d'emprunter sans retard, si vous ne l'avez pas fait plus tôt.

Quelle somme vous faudra-t-il demander au crédit public ? — la bagatelle de 105,110,000 fr. ! — C'est ce que doivent coûter vos petits acquets pyrénéens.

Quelles offres serez-vous en mesure de faire à cette époque aux capitalistes pour les engager à verser, à bref délai, cette forte somme dans votre caisse sociale, mise à sec par la simultanéité de vos doubles travaux?

J'ai beau chercher et m'ingénier, je ne vois pas trop quel langage engageant vous pourrez tenir à ces capitatistes pour allécher leurs écus, devenus rébarbatifs par suite des mécomptes du passé :

Avez vous au moins à leur offrir la garantie d'un modeste minimum d'intérêt promis par l'Etat?

Non, vous n'avez pas même ce minimum à votre disposition pour encourager un peu l'hésitation de ces prudents capitalistes!

En effet, vous avez dit à S. E. M. le Ministre des Travaux publics :

« Nous ne demandons pas à l'Etat une garantie supplémentaire d'in-
» térêt, les sommes à dépenser *(pour les tronçons pyrénéens)* devant ren-
» trer dans le MINIMUM de garantie déjà réglé par les décrets de conces-
» sion des chemins de Bordeaux à Cette et Bayonne et du canal latéral
» à la Garonne. »

On ne saurait exprimer d'une manière plus nette, plus explicite qu'on ne demande rien, qu'on ne veut aucun concours de l'Etat, qu'on renonce à tout secours ou participation du Trésor public pour construire les 457 kilomètres des tronçons pyrénéens en question.

Ainsi donc, messieurs de la Compagnie du Midi, vous n'avez pas la moindre garantie du plus petit minimum d'intérêt à offrir, pour leur sûreté personnelle, aux nombreux capitalistes que vous avec convoqués et qui attendent, le portefeuille ouvert, au guichet de votre caisse vide pour échanger leurs bonnes valeurs montant à 105,110,000 francs contre des garanties meilleures encore valant au moins première hypothèque. Poussés à bout par l'inquisitive impatience de ces gros prêteurs, il vous faudra bien leur faire aussi cet embarrassant aveu que vous n'avez pas l'ombre même d'une garantie éventuelle à leur offrir.

Cet aveu sera pénible, je l'avoue; — mais aussi vous n'aurez pas longtemps à endurer les désobligeantes réflexions des capitalistes surpris! — je les vois fermer à la hâte leurs épais portefeuilles et gagner, en colonne serrée, et au pas de course, l'âme inquiète, l'escalier de sortie.

Voilà pourtant à quoi vous expose votre coup de tête, messieurs de la Compagnie du Midi! — Mais n'anticipons pas ici non plus sur le chapitre des dangers; restons dans l'arithmétique pure.

Votre caisse est à sec, l'emprunt est impossible; et cependant, il vous faut, tous les matins, avoir les millions à la main pour payer les comptes des entrepreneurs et des fournisseurs! situation fatale! — mais ne vous en inquiétez pas trop; il y a un remède encore peut-être?

Ne pourrez-vous pas rappeler les capitalistes en fuite qui vous ont si brusquement quittés et leur tenir ce langage un peu plus rassurant :

« Messieurs, nous avons, en qualité de sociétaires de la Compagnie du
» Midi, reçu de l'État la promesse de la garantie d'un minimum d'in-
» térêt de 4 pour 100 pour les 118,000,000 de francs qui composent
» notre capital social; nous vous proposons de partager cette garantie
» fraternellement par moitié entre notre dit capital et les 105,110,000
» francs que nous vous prions de nous prêter; cela fera pour nous
» tous une garantie d'environ 2 pour 100. »

Bonne idée! — pensée généreuse! sacrifice social fort louable! — mais insuffisant, incomplet! — vos prêteurs se dérident quelque peu; mais ils ne sont pas encore satisfaits. — Ce qu'il leur faut pour les contenter complétement et pour leur tirer des mains les 105,110,000 dont vous avez un besoin si pressant, c'est le sacrifice entier de toute votre garantie de 4 pour 100; à cette condition, mais alors seulement, ils sont tout disposés à vous verser ces 105,110,000 francs, si impatiemment attendus par votre caisse.

Cette dernière considération vaincra, j'en ai la confiance, vos dernières hésitations, et vous donnerez aux prêteurs de 105,110,000 fr. les 4 pour 100 de garantie que l'État a promis à vos 118,000,000 sociaux.

Ces derniers resteront, il est vrai, à nu, sans la moindre couverture pour tenir leurs espérances à une température quelque peu au-dessus de la glace fondante; mais qu'importe! — vous aurez donné là à votre chef un témoignage de dévouement aveugle qui me rappelle tout naturellement cette acclamation classique des gladiateurs, au moment où ils se précipitaient dans le cirque : — *Cæsar morituri te salutant! — César, ceux qui vont mourir proclament ta gloire!*

J'en étais là, messieurs de la Compagnie du Midi, de l'histoire en perspective de votre suicide financier, quand le hasard m'a mis sous les yeux l'article 5 de la convention passée le **24** août **1852**, en votre nom, entre **S. E. M.** le Ministre des Travaux publics et vos délégués, **MM.** Ernest André, Ardouin et autres.

Or, cet article dispose que « la garantie d'intérêt et d'amortissement » stipulée à l'article 7 desdits cahiers des charges (du vôtre) ne sera » exercée que dans le cas où les produits nets de toutes vos lignes du » Midi réunies ne s'éléveraient pas à une somme suffisante pour faire » face aux dits intérêts et amortissements. »

Quand donc saurez-vous que vous possédez réellement la garantie d'intérêt de 4 pour 100 que vous venez de céder si généreusement à vos prêteurs des 105,110,000 francs?

Ce ne sera qu'après la mise en exploitation de toutes les lignes qui vous ont été concédées le 24 août 1852, c'est-à-dire dans cinq ans; — d'ici là, pendant cette assez longue période, les prêteurs auront-ils la certitude d'avoir, de l'Etat, en votre lieu et place, une véritable garantie de 4 pour 100 indépendante de toute éventualité?

Vous voyez bien que non ; — vous ne pouvez leur donner cette assurance!

D'autre part ces mêmes capitalistes, avant de vous verser leurs 105,110,000 francs, liront probablement aussi l'article 3 de la même convention ci-dessus visée; or, ils y trouveront ce qui suit :

« La garantie d'intérêt stipulée dans l'article 67 du cahiers des » charges (du vôtre) annexé à la loi du 8 juillet 1852, demeurera tout entière attachée aux actions, et ne pourra dans aucun cas, être employée » à assurer un supplément d'intérêt aux obligations. »

Comment, messieurs de la Compagnie du Midi, vous n'avez pas le droit de déplacer, même dans les limites de votre propre capital social, les garanties d'intérêts accordées d'un côté à vos actions et de l'autre à vos obligations, et vous voudriez vous attribuer, par esprit de sacrifice personnel, le droit de transporter cette même garantie à des capitaux nouveaux complément étrangers aux 118,000,000 de francs qui forment votre apport social dans le contrat que vous avez passé avec l'Etat, le 24 août 1852, mais c'est impossible !

Vous voyez donc que votre excès de dévouement à votre honorable chef, vous a fait oublier des devoirs impérieux, des obligations imprescriptibles, qui dominent votre situation et qui, en vous enlevant toute liberté de transaction avec les prêteurs des 105,110,000 francs, vous mettent dans la fatale nécessité de leur répéter encore cette seconde fois, ce que vous leur avez dit à la première entrevue :

« Messieurs les prêteurs, je n'ai aucune garantie à vous donner pour » le prêt de vos 105,110,000 francs ! »

Voilà le simple résumé de ce chapitre; je le recommande à votre attention.

Mais le Crédit mobilier?

Sans doute il peut, dans une certaine mesure, et dans certaine occurrence, venir en aide à la Compagnie du Midi; mais comme de son intervention il pourrait encore résulter pour elle et pour lui, dans des éventualités fort admissibles, un nouveau danger, je dois renvoyer au chapitre suivant ma réponse à cette question.

SIMPLE ANALYSE

DE LA DEMANDE FAITE PAR M. PÉREIRE,

AU NOM DE LA COMPAGNIE DU MIDI.

CHAPITRE III.

Dangers créés par cette demande :

1° A la Compagnie du Midi ;
2° Au Crédit public.

Telle qu'elle est formulée, la demande de concession des tronçons pyrénéens, faite par la Compagnie du Midi, ouvre devant elle une ère nouvelle de dangers en l'exposant :

1° à perdre une partie de la subvention promise par l'État;

2° à la déchéance, par suite de la non-exécution des clauses de son contrat avec l'État, du 24 août 1852.

En effet, lorsque cette Compagnie aura épuisé, au 1er avril 1855, comme nous l'avons établi dans le chapitre précédent, la totalité de son capital social actuel montant à 118 millions, elle n'aura encore employé, sur les lignes qui lui ont été concédées le 24 août dernier, que 59 millions, provenant de ce capital et 12 millions et demi provenant de la subvention, soit en tout 71,500,000 fr., comme nous l'avons aussi clairement démontré.

Par suite de ce mode de procéder, elle n'aura reçu, au 1er avril 1855, que dix vingtièmes des 51 millions de la subvention, soit 25 millions.

Pour que l'État continue à verser après cette époque les autres vingtièmes de la subvention promise, il faudra que la Compagnie, de son côté, continue à dépenser, au préalable, par fractions de 6 millions, sur les lignes dont elle est aujourd'hui concessionnaire, le complément de son capital social actuel, soit encore 59 millions.

Mais où trouver ces 59 millions?—il faudra de toute nécessité les demander à l'emprunt.

Or, comme nous venons de le voir et de le faire toucher du doigt aux Actionnaires de la Compagnie du Midi, l'emprunt à cette époque ne leur sera pas facile, par manque de garanties. — L'horizon financier n'est-il pas, d'ailleurs, sujet à des variations, même en dehors de l'influence de toute cause politique? — Depuis 1845, et avant, n'avons-nous pas vu l'argent libre appelé tout à coup hors du marché des chemins de fer, par des besoins, par des nécessités, par des placements lucratifs qui se révèlent à l'improviste comme en 1846? — De pareilles occurences peuvent parfaitement se rencontrer en 1855. — Ce concours de circonstances pénibles, que d'autres éventualités pourraient encore compliquer, suffiraient, ce me semble, pour rendre l'emprunt à faire par la Compagnie du Midi non-seulement difficile, mais tout à fait impossible. Dans ce cas, elle se trouve dans l'impossibilité de continuer à dépenser ses 59 millions en question sur les lignes à elles concédées le 24 août 1852, et, par conséquent, elle perd à la fois et son droit sur le complément de la subvention promise par l'État, et sa propriété tout entière. Elle encourt la déchéance, parce que, sans argent, il lui sera impossible de construire, d'achever et d'ouvrir, avant le 24 août 1856, les 576 kilom. des lignes du Midi qui, d'après son cahier des charges, doivent être à cette date-là livrés à l'exploitation, et pour lesquels elle aurait dû dépenser, à cet effet, avant cette même époque, 132 millions de francs, tandis qu'en distribuant ses ressources sur ces dites lignes et sur ses tronçons pyrénéens, elle n'y aura employé, au moment où l'argent viendra à lui manquer, que 71,500,000 francs!

Pendant que la Compagnie du Midi court aussi bénévolement au devant de si graves dangers, le crédit public est exposé, à son tour, à de non moins rudes épreuves.

M. Péreire dit bien, dans sa demande nouvelle en s'adressant à S. E. M. le Ministre des Travaux publics, que l'État, en accordant à la Compagnie du Midi la concession des tronçons pyrénéens, donnera satisfaction immédiate aux populations « *sans augmenter la masse des titres, sans* » *nuire au crédit public, et sans provoquer une crise financière qui serait le*

» *résultat inévitable de la création de nouvelles Compagnies faisant concur-*
» *rence à celles déjà établies.* »

Mais, en vérité, malgré toute notre déférence pour les lumières et l'expérience de l'honorable président de la Compagnie du Midi, pouvons-nous prendre cette assertion au pied de la lettre et y donner notre adhésion comme à parole d'Évangile? L'intéret bien naturel que nous devons porter à la prospérité durable du crédit public, nous fait un devoir de passer outre et de poursuivre notre simple analyse en démontrant que, dans cette phrase magistrale il y a autant d'erreurs que de propositions.

1° Comment la Compagnie du Midi, devenue concessionnaire des tronçons pyrénéens, pourrait-elle subvenir à ces nouvelles dépenses sans augmenter son capital social actuel de 118 millions, et sans le porter, comme je l'ai démontré, à la somme de 118, plus 105,100,000 fr., soit à 123,110,000 francs?

Or, cette augmentation forcée de son capital montant à 105 millions, n'exige-t-elle pas *l'émission de nouveaux titres, actions ou obligations* de la Compagnie du Midi?

Il serait difficile au plus habile financier, après avoir lu tout ce qui précède, de nier la nécessité de la création de ces nouveaux titres et de douter même de leur prochaine émission.

En résumé : — première proposition, première erreur.

2° Comment la Compagnie du Midi pourrait-elle construire simultanément les tronçons pyrénéens et satisfaire aux obligations qui lui sont imposées par son cahier des charges du 24 août 1852, *sans nuire au crédit public*?

N'avons-nous pas vu qu'en restant dans son rôle, assez beau du reste, de simple Compagnie du Midi, elle n'avait à demander chaque année, pendant une période de cinq ans, à ses actionnaires ou porteurs d'obligations, c'est-à-dire au crédit public, que la somme de 24 millions de francs?

N'avons-nous pas établi aussi que si cette même Compagnie veut réellement exécuter les promesses qu'elle fait à S. E. M. le Ministre des Travaux publics, dans sa nouvelle demande de concession pour les tronçons pyrénéens, elle sera, dans ce cas, obligée de demander à ce même crédit public, *pendant trois années consécutives, non plus la somme modeste de 24 millions, mais bien celle un peu plus embarrassante de 70 millions au minimum?*

Quand on vient aussi bénévolement tripler la somme à demander, chaque année, à ses actionnaires ou porteurs d'obligations, n'est-ce pas, de propos délibéré, porter au crédit public une rude atteinte?

Et d'autre part, messieurs de la Compagnie du Midi, en vous mettant dans la nécessité d'appeler tout votre capital social actuel de 118 millions en 22 mois, au lieu d'user de la latitude de cinq ans que vous donne votre cahiers des charges, ne rompez vous pas tout aussi bénévolement les engagements sacrés sur lesquels vos actionnaires ont établi, avec raison, leurs propres calculs au sujet des appels de fonds? ils ont compté sur cinq ans pour compléter leurs versements et vous ne leur donneriez pas même deux ans!

Peut-on agir ainsi et dire en même temps au public, à vos propres actionnaires, avec quelque ombre de raison, *nous ne nuisons pas au crédit public?*

En résumé : — seconde proposition, seconde erreur.

3° La Compagnie du Midi, en adoptant une pareille conduite, rend-elle un service au pays, *sans provoquer une crise financière?*

— Elle appelle, par an, 70,000,000 au lieu de 24.

— Elle fait verser son capital tout entier en 2 ans au lieu de 5.

— Elle se met dans la nécessité de faire un emprunt de 105,000,000 de francs sans avoir aucune garantie à donner aux prêteurs.

— Elle s'expose à demander au crédit public cette énorme somme, à titre d'emprunt, au moment des plus forts appels de fonds de la part des Compagnies de Lyon à la Méditerranée, de l'Ouest, de Dijon, de Blesme, du Centre, du Grand-Central, etc., etc., tout en courant la chance de rencontrer des circonstances généralement défavorables aux emprunteurs.

Voilà le programme que la Compagnie du Midi adopte de propos délibéré, tout en exprimant que son ambition nouvelle *ne peut point provoquer de crise financière.*

J'en appelle de cette assertion à tous les hommes vraiment compétents en matière de crédit public, d'opérations financières et de bourse, et par conséquent en première ligne à M. Péreire lui-même.

Ne puis-je pas, après cet appel respectueux à l'attention du maître, conclure encore :

Troisième proposition : — troisième erreur :

4° La Compagnie du Midi assure, *qu'une crise financière serait le résultat inévitable de la création de nouvelles Compagnies faisant concurrence à celles déjà établies.*

Il paraît que le Gouvernement ne partage pas tout à fait les appréhensions de la Compagnie du Midi, puisque pendant que le secrétaire de M. Péreire traçait, probablement à l'insu du maître, les lignes ci-dessus, S. E. M. le Ministre des Travaux publics présentait à l'adoption de la Chambre des Députés deux lois nouvelles pour la création de deux nouvelles Compagnies, celle de Lyon à Genèvre, et celle de St-Rambert à Grenoble, avec prévision de passage du Mont-Genèvre.

Mais probablement, dans l'intention même du rédacteur, cette assertion, désobligeante pour les Compagnies naissantes ou à naître, n'est qu'une attaque à l'adresse spéciale de la Compagnie d'Embarrère.

Voyons donc si la création de cette nouvelle Compagnie, dans le cas ou elle aurait la concession du réseau complet, rendrait *inévitable une crise financière ?*

Si la Compagnie d'Embarrère est concessionnaire, combien demandera-t-elle au crédit public, *pendant la première période de quatre ans,* à compter du décret de concession ?

Au maximum 60,000,000 *de francs,* comme je le démontrerai au chapitre suivant.

Cela se réduit à un appel annuel, et pendant quatre ans, de 15 millions.

Voilà toutes les charges que la Compagnie d'Embarrère imposera au crédit public pendant cette première période de quatre ans.

Pendant cette même période, la Compagnie du Midi, restant dans les limites de son cahier des charges du 24 août 1852, n'aura à demander, de son côté, au même crédit public que 24,000,000 chaque année.

Ainsi donc, les deux Compagnies, la nouvelle et l'ancienne, par leur co-existence, ne grèveront ensemble le crédit public, pendant quatre ans, que d'une somme annuelle de 39 millions, tandis que si cette nouvelle Compagnie, à la naissance de laquelle messieurs de la Compagnie du Midi attachent, non pas une éventualité, *mais une inévitable certitude de crise financière*, si cette Compagnie d'Embarrère, dont on fait un épouvantail financier, n'a pas d'existence définitivement légale et n'obtient pas la concession qu'elle demande, la Compagnie du Midi, restée seule maîtresse du terrain, sera obligée de demander chaque année, pendant les mêmes quatre ans, 70 millions au même crédit public, c'est-à-dire 31 millions de plus par an !

D'où peut donc venir la crise financière, si tant est qu'elle doive venir ? est-ce la co-existence des deux Compagnies du Midi et du Réseau pyrénéen qui est de nature *à la provoquer d'une manière inévitable ?*

Ce qui précède me paraît assez clair pour établir le contraire.

En résumé : quatrième proposition, quatrième erreur :

Après avoir signalé les dangers auxquels la nouvelle demande de la Compagnie du Midi expose à la fois cette même Compagnie et le crédit public, je suis amené tout naturellement à m'occuper ici de la nature de l'intervention que l'institution du crédit mobilier pourra mettre à la disposition, et de cette Compagnie, et du crédit public au moment de leurs mutuels embarras.

J'avoue que j'entreprends avec quelque hésitation l'examen de cette grave question, parce que je sais qu'un assez grand nombre de personnes, d'ailleurs fort compétentes, ne partagent pas ma manière d'apprécier le rôle et de reconnaître les services rendus par le crédit mobilier.

Le crédit mobilier a eu, dès sa naissance, l'insigne privilége d'abaisser le loyer des capitaux à un taux qui a permis à tous les spéculateurs sérieux, ainsi qu'à un certain nombre de Compagnies bien fondées, et à quelques entreprises vraiment utiles, de puiser à pleines mains dans la bourse des capitalistes qui ont été mis en demeure ou de quitter la place ou d'accepter les conditions de l'ère nouvelle.

Ne pas reconnaître ce service, c'est, je le crains, être quelque peu injuste envers l'honorable fondateur du Crédit mobilier. — Je ne tomberai pas dans cette faute ; mais aussi, gardant par devers moi mon libre arbitre dans la plénitude de son indépendance, je ne craindrai pas d'exprimer ici mon opinion sur les fâcheuses conséquences qu'aurait l'intervention du Crédit mobilier, s'il appliquait, sur une large échelle, son concours financier pour tirer la Compagnie du Midi des embarras et la sauver des dangers qu'elle veut soulever et créer par pure ambition mal raisonnée.

Lorsque dans 22 mois, à compter d'aujourd'hui, la Compagnie du Midi sera forçée, si elle obtient les tronçons pyrénéens, de recourir à l'emprunt, sans doute, le Crédit mobilier pourra bien intervenir, en prenant une fraction de cet emprunt à sa charge, sous forme d'un certain nombre d'obligations à placer moyennant commission. — En agissant ainsi, il fera une simple opération de banque, il jouera le rôle d'intermédiaire puissant et par conséquent utile. — Personne dans ce cas n'aura donc rien à dire; — mais si, comme cela vient d'avoir lieu pour le Grand-Central, cette intervention est plus compliquée; si, comme tout le monde en est convaincu, le moment de l'emprunt à contracter par la Compagnie du Midi, étant venu, le Crédit mobilier s'empare de tout ce que les administrateurs de cette Compagnie ne prendront pas pour eux-mêmes, et s'il ne distribue cette part, qui, dans tous les cas, sera fort large, qu'aux porteurs des actions, soit du Crédit mobilier de Paris, soit de la succursale de Darmstadt et toutes les autres qui pourront exister à cette époque-là, soit de la compagnie du Midi elle-même, et ce, à la condition expresse d'avoir au moins entre les mains huit actions de l'une de ces trois catégories pour avoir droit à un seul titre de la nouvelle émission faite par la Compagnie du Midi; dans ce cas, je suis persuadé que le Crédit mobilier sortira des sages limites d'intervention que doit leur dicter l'esprit de justice et de conservation.

Quels seraient en effet les résultats immédiats d'une pareille manière de procéder renouvelée du Grand-Central? — Ils seraient aussi nombreux que défavorables au Crédit mobilier lui-même; et je ne veux ici n'en mettre en lumière qu'un seul :

L'élimination complète des capitalistes du Midi.

Ces capitalistes pourraient-ils, en réalité, accepter ces conditions léonines pour le placement de leurs capitaux dans la construction des lignes qui les intéressent le plus?

Ils savent trop bien calculer pour ne pas faire, avant de s'engager, la petite opération arithmétique qui suit :

	Valeur nominale.	Prime.	Fr.
8 actions du Mobilier coûtent :	8 fois 500 fr.	plus 410 en tout,	7,280
8 id. de Darmstadt id.	id. 500 fr.	plus 150 en tout,	5,200
8 id. du Midi id.	id. 500 fr.	plus 160 en tout,	5,280

Ainsi, pour avoir *un seul titre* de 500 fr. (valeur nominale) de la nouvelle émission de la Compagnie du Midi, en cas d'emprunt, les capitalistes de Toulouse, d'Agen, de Tarbes, de Foix, de Pau, de Bordeaux, de Mont-de-Marsan, d'Auch et de Bayonne, qui attendent avec impatience une occasion favorable pour placer utilement leurs capitaux en réserve, et qui comptaient trouver cette bonne occasion dans la construction des lignes pyrénéennes, seraient obligés de débourser au préalable ou 7,220 fr., ou 5,200 fr., ou 5,280 fr., à leur choix, sans préjudice des 100 ou 150 fr. à verser en outre sur le titre qu'ils n'obtien-tiendront qu'à cette condition.

Combien trouverait-on dans le Midi tout entier de capitalistes sérieux voulant faire un pareil déboursé préalable sur des valeurs industrielles dont ils n'ont point encore voulu apprécier la valeur intrinsèque? Pas un seul, — j'en ai l'intime conviction, puisée à bonne source.

D'ailleurs, avant d'accepter les conditions faites par le Crédit mobilier, ces non-initiés du Midi feraient en outre la contre-opération qui suit :

UN titre nouveau de la Compagnie du Midi peut gagner en prime, en se mettant au pair avec ses anciens en date, au plus . . . . 160 fr.

Combien, par contre, peuvent perdre sur leurs primes, 8 Mobiliers, 8 Darmstadt, ou 8 Midi anciens? — Pour répondre à cette question avec preuve à la main, ces prudents capitalistes iront consulter les cotes officielles de la Bourse de Paris pour le 1er trimestre 1852 et il leur sera facile d'y constater que la baisse a pu atteindre, sur la prime d'une seule action du Mobilier, jusqu'à 900 fr., soit pour 8 actions, 7,200 fr., pendant que celles du Darmstadt et du Midi subissaient des échecs de 100 à 200 francs par action, soit 800 à 1,600 fr. pour 8 actions.

Ce fait constaté et mis en regard des 160 fr. de gain éventuel que pourrait leur donner un titre nouveau du Midi, leur détermination sera bientôt prise : *ils remettront à une occasion nouvelle et meilleure leur entrée dans les opérations industrielles.*

Voilà le résultat certain qu'aura dans le Midi l'intervention, dans de larges limites, du Crédit mobilier, dans l'emprunt à contracter par la Compagnie du Midi, si elle obtient les tronçons pyrénéens.

Cette même intervention n'aurait-elle pas la même conséquence : *l'abstention*, pour bon nombre d'autres capitalistes étrangers au Midi ?

Il serait difficile de ne pas avoir quelques appréhensions fondées à ce sujet.

Ainsi donc, contre la volonté de l'honorable fondateur de l'institution du Crédit mobilier, les sources nouvelles de capitaux que cette intention elle-même a tout intérêt à faire sourdir dans le Midi, se déroberaient, tandis que les sources anciennes tendraient, en outre, à se tarir, si le Crédit mobilier intervenait, comme le public lui en suppose l'intention, dans la création des lignes pyrénéennes.

Jusqu'à présent j'ai raisonné avec le public et avec l'opinion de certains intéressés de la Compagnie du Midi : — j'ai admis le concours du Crédit mobilier dans l'emprunt incombant à cette Compagnie, en cas d'extension vers les Pyrénées, de sa concession actuelle ;

Il me sera permis de reprendre maintenant l'indépendance de mes appréciations personnelles et de poser au Crédit mobilier ces deux graves questions :

1° Avez-vous la certitude matérielle, ou même une croyance quelque peu motivée que le baromètre financier n'aura plus désormais de variations et qu'il indiquera le beau fixe au jour, à l'heure, où la Compagnie du Midi aura à demander au crédit public 105,110,000 francs, à titre d'emprunt sans la moindre garantie ?

2° Si par hasard, ce que je déplorerais autant que vous, puisque mes intérêts personnels sont tout aussi dépendants que les vôtres de la prospérité financière du pays, si à cette époque là, les capitaux étaient chers, si la baisse des effets publics était plus que sensible, si enfin il y avait sur la place de Paris, je ne dis pas une crise, entendez-moi bien, mais une forte gêne pour les opérations de bourse et pour toutes les transactions industrielles, vous chargeriez-vous, dans une pareille occurrence, fait admissible, même par les optimistes, de la totalité ou d'une forte partie de l'emprunt sans garantie de 105,110,000 francs à faire pour le compte de la Compagnie du Midi ?

Je crois ne pas trop prendre sur moi que de répondre, en votre nom, par la négative à ces deux questions préalables.

Ainsi donc, messieurs de la Compagnie du Midi, votre nouvelle demande entraîne pour vous même des dangers sérieux, en provoque de plus sérieux encore pour le crédit public, et l'institution du Crédit mobilier qui pourrait vous aider à conjurer une partie de ces risques, de ces désastres, ne doit pas intervenir dans vos embarras, dans le cas de hausse et de prospérité financière, sans variation, par pur intérêt personnel, par esprit de conservation, et, dans le cas de baisse et d'oscillations du baromètre financier, il ne lui en reste pas même la faculté !

Voilà, Messieurs, la position que vous vous êtes créée ; — elle est de nature à donner à réfléchir non-seulement à vous, mais au Gouvernement, qui a entre les mains un autre moyen fort simple de donner une satisfaction plus complète aux populations pyrénéennes, sans faire courir aucun danger, ni à vos actionnaires, ni au crédit public, ni au mobilier.

CHAPITRE IV.

Voies et moyens de la Compagnie d'Embarrère.

J'ai dit que la Compagnie d'Embarrère, tout en donnant, par son tracé, satisfaction entière aux populations, n'a besoin d'appeler par an, pendant quatre années, que 15 millions de francs en moyenne.

Quant à la question de la satisfaction entière des populations, il suffit de jeter les yeux sur la carte ci-jointe, comprenant le tracé du réseau pyrénéen complet tel que cette Compagnie en demande la concession, pour en être convaincu. — Du même coup d'œil on peut aussi juger l'œuvre de la Compagnie du Midi, dans le cas où elle deviendrait concessionnaire des tronçons isolés qu'elle a l'intention d'emprunter à ce même tracé.

Et quant au chiffre de la dépense annuelle de la Compagnie d'Embarrère pendant la première période de construction, de 4 ans, voici les données bien simples qui ont servi à la déterminer :

Cette Compagnie n'a à construire pendant cette période que 315 kilomètres ; — or, par la position des lignes auxquelles appartiennent ces kilomètres, il est impossible que ces derniers reviennent à la Compagnie, matériel d'exploitation compris, à plus de 200,000 fr. l'un ; soit pour 315 kilomètres — 63 millions de fr. — en divisant cette somme par 4, nous avons, pour le chiffre de sa dépense annuelle pendant 4 ans : — 15,600,000 fr. qui peuvent facilement se réduire, pour les appels annuels pendant cette période, au chiffre rond de 15 millions.

Je crois devoir rappeler ici, au risque de me répéter, que ces 15 millions, ajoutés aux 24 millions que la Compagnie du Midi aurait, de son côté, à appeler en restant dans les termes de son contrat, ne feraient en somme que 39 millions au lieu de 70 millions de fr. que doit appeler M. Péreire, s'il obtient le Réseau pyrénéen incomplet; différence 31 millions de moins à demander au public chaque année, pendant quatre ans, si la Compagnie d'Embarrère est concessionnaire du réseau complet.

C'est, en quatre ans, une somme de 125 millions de fr. de moins à demander aux porteurs d'actions ou obligations.

Pourquoi la Compagnie d'Embarrère ajourne-t-elle à quatre ans la majeure partie des dépenses à faire pour le Réseau pyrénéen complet ?

C'est que dans cette période de quatre ans,

1° Les Compagnies de Paris à Lyon,

2° de Lyon à la Méditerannée,

De Dijon à Besançon,

De Lyon à Genève,

Du Midi, du Grand-Central et autres auront terminé leurs appels de fonds ou seront à la veille de les terminer ;

2° L'État, de son côté, aura achevé de verser, à cette même époque, les subventions promises aux Compagnies de chemins de fer du Midi, de Lyon à la Méditerranée, de Dijon à Besançon, de Lyon à Genève, etc.;

3° L'État aura reçu, à cette même époque, le solde presque entier des sommes que les Compagnies de chemins de fer du Nord, de Lyon, de Rouen, etc., lui doivent encore.

Ainsi, dans quatre ans, la bourse des capitalistes sera plus libre, et les ressources du Trésor seront aussi moins engagées qu'aujourd'hui.

Le mode de procéder de la Compagnie d'Embarrère est donc rationel, en ce qu'il ne surcharge point le crédit public aujourd'hui, tout en donnant satisfaction entière aux sept départements intéressés, et qu'il remet les grands appels de fonds à une époque plus favorable.

Laquelle de ces deux combinaisons est la plus dangereuse pour l'État, au point de vue des populations, comme à celui du crédit public?

La réponse est facile : les tracés et les chiffres ci-dessus prouvent surabondamment que la Compagnie du Midi, en mettant la sienne en avant, ne s'est préoccupée d'aucune de ces deux faces de la question pyrénéenne.

Quant à l'emploi du Crédit mobilier, dans cette circonstance, je crois avoir suffisamment démontré qu'il ne ferait qu'augmenter le mécontentement des populations méridionales, en leur enlevant encore la possibilité d'avoir *au pair* la moindre action.

Le Crédit mobilier, d'ailleurs, n'est-il pas déjà suffisamment engagé? Bon nombre de bons esprits impartiaux penchent à croire qu'il l'est déjà beaucoup trop.

En suivant son plan de conduite, la Compagnie d'Embarrère ouvrira la ligne de Mont-de-Marsan, par Tarbes à Pau, le même jour où la Compagnie du Midi arrivera, d'après son cahier des charges, à Mont-de-Marsan, c'est-à-dire dans deux ans au plus tard; la Compagnie d'Embarrère ouvrira aussi les lignes de Toulouse à Foix et de Toulouse à Saint-Gaudens le jour encore où la ligne du Midi arrivera à Toulouse, c'est-à-dire avant quatre ans, et tout le reste du réseau sera achevé dans les quatre années qui suivront cette première période de construction.

Plus de hâte dans l'exécution des travaux des lignes pyrénéennes demandées par la Compagnie d'Embarrère, serait une charge pour ses actionnaires, un péril pour le crédit public et sans utilité réelle pour les populations.

J'ajouterai enfin que la Compagnie d'Embarrère peut *seule* ouvrir aux capitaux, aux capacités, aux influences locales, à la jeunesse ardente et laborieuse *du Midi* cette ère nouvelle que *le Midi* attend depuis trop longtemps. — Les engagements antérieurs et sans nombre qui lient les mains de M. Péreire, ne lui permettraient pas, malgré sa bonne volonté, d'ouvrir le même avenir à ces représentants aborigènes de la richesse et de l'intelligence des contrées méridionales dont la situation et les droits ont pourtant fixé la sérieuse et favorable attention du gouvernement.

Voilà pour le présent, pour la question de la construction; quant à l'avenir et à la question de l'exploitation, toutes les éventualités ont été prévues aussi par la Compagnie d'Embarrère; le dernier alinéa qui termine ma brochure sur la ligne de Foix, qui date de décembre 1852, et la phrase en italique comprise dans notre demande pour le Réseau pyrénéen complet, ne permettent point à la Compagnie du Midi de méconnaître nos véritables intentions.

Ne suis-je pas en droit, après avoir ainsi établi la différence énorme qui sépare les propositions de la Compagnie d'Embarrère de celle de la Compagnie du Midi, de terminer cette simple analyse en répétant ici, avec quelque raison, et à titre de conclusion, les lignes suivantes empruntées à mon avant-propos :

Des deux Compagnies en instance pour obtenir la concession des lignes Pyrénéennes, laquelle a des droits réels à la préférence motivée du Gouvernement ?

La lecture des deux soumissions et de la simple analyse qui y fait suite, ne saurait laisser aucune ombre d'hésitation aux hommes éclairés qui veulent la prospérité de leur pays, sans l'exposer à aucun danger, pour répondre d'une manière catégorique à cette grave question.

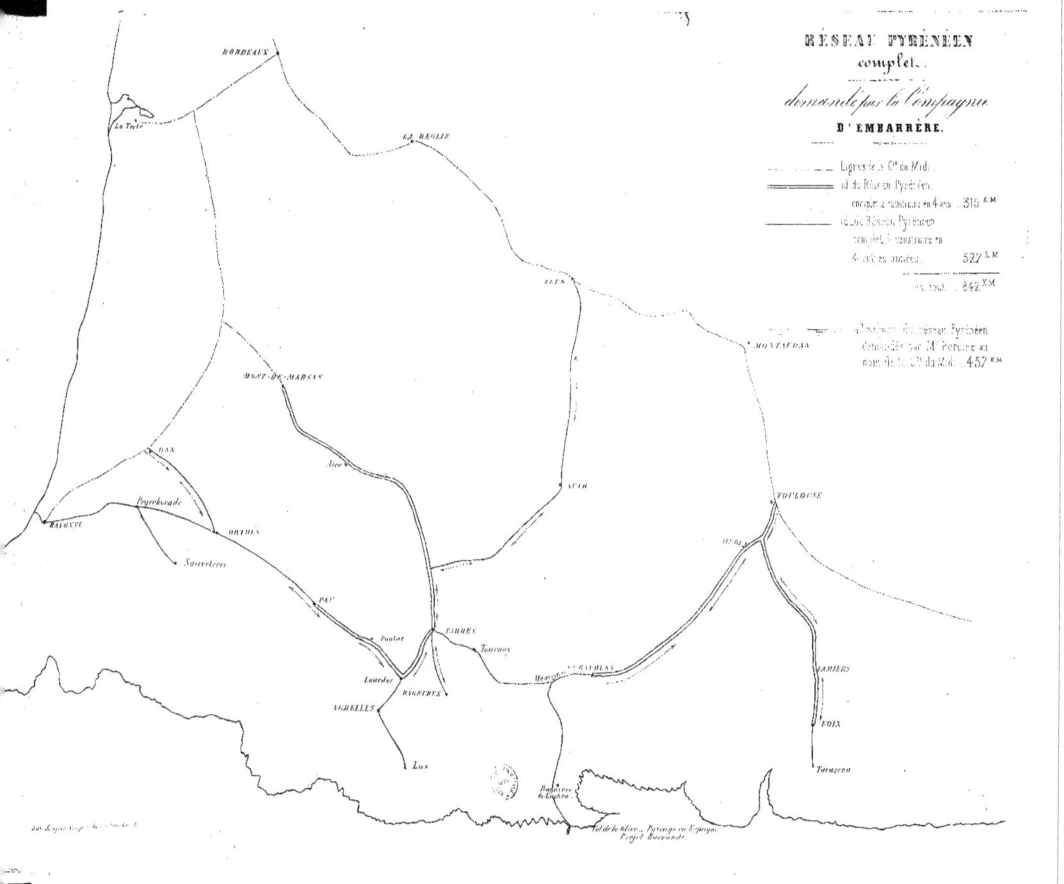

RÉSEAU PYRÉNÉEN
complet.
demandé par la Compagnie
D'EMBARRÈRE.
Lignes de la Cie du Midi
315 KM
527 KM
842 KM
457 KM
BORDEAUX
La Teste
LA REOLE
AGEN
MONTAUBAN
MONT-DE-MARSAN
Aire
AUCH
TOULOUSE
DAX
BAYONNE
Peyrehorade
ORTHÈS
Sauveterre
PAU
TARBES
Lourdes
ARGELÈS
Luz
FOIX
PAMIERS
Tarascon
Projet Barrande.

www.ingramcontent.com/pod-product-compliance
Lightning Source LLC
Chambersburg PA
CBHW070825210326
41520CB00011B/2116
* 9 7 8 2 0 1 1 2 6 2 8 7 5 *